40935

RECHERCHES

SUR

LE PAUPÉRISME

ET SUR

LES MOYENS D'Y REMÉDIER.

RECHERCHES

SUR

LE PAUPERISME

ET SUR

LES MOYENS D'Y REMÉDIER,

PAR P. DE SAINT-VINCENT,

Substitut du Procureur du Roi, membre de l'Académie royale de Metz.

MTREME,

S. LAMORT, IMPRIMEUR DE L'ACADÉMIE.

JUILLET 1847.

1847

RECHERCHES

SUR

LE PAUPÉRISME

ET SUR

LES MOYENS D'Y REMÉDIER.

(Extrait des Mémoires de l'Académie royale de Metz, année 1846-1847.)

CHAPITRE I.

Causes du Paupérisme.

Le soulagement des souffrances a toujours été la plus belle mission de l'homme sur la terre, la plus haute expression de l'humanité. Mais si la question du paupérisme est importante dans tous les temps, elle est devenue de nos jours encore plus vitale. Autrefois la religion, jouissant d'un empire incontesté, enseignait aux uns le sacrifice, aux autres la résignation, cette charité du pauvre envers le riche, d'une pratique si difficile et que la religion peut seule enseigner. Le pouvoir politique, entièrement investi du prestige moral et de la force matérielle, laissait peu de prise à la violence des murmures et même à l'indiscrétion de la plainte.

Aujourd'hui, au contraire, tout est discuté, dénié, et

chaque principe est surtout proclamé comme signe de ral-
liement contre un autre principe. Le peuple, sorti de ses
langes, plus fort et plus instruit, se trouve dans cet état
de transition dangereuse qui, n'ayant plus la débilité de
l'enfance, n'a pas encore emprunté à la virilité la force
qui se possède et le jugement qui se conduit. Il n'ignore
plus ni ses besoins, ni ses droits, science toujours plus
précoce que celle des devoirs, ni les moyens de faire valoir
ses droits. Armée d'un pouvoir moindre en face de périls
plus grands, la société s'agite en sens divers ; l'inquiétude
travaille les gouvernements et les classes aisées. Le spectre
de l'indigence, à cette heure silencieusement accroupi dans
ses haillons, peut, se dressant soudain, briser tout dans sa
force brutale et ses convulsions désordonnées.

Toutefois, et malgré ces dangers, je ne sais si l'on ne
doit pas remercier la Providence de cette crise salutaire,
et s'il n'y a pas à la préférer à ces époques de quiétude,
lors desquelles le riche et le puissant, faisant halte dans
son abondance, y dormait son sommeil, pendant que les
peuples dociles paissaient autour de lui dans une muette
obéissance. Oui, certes, si les circonstances font une nécessité de chercher des soulagements pour le pauvre, c'est
une douce et heureuse nécessité que celle qui ramène les
esprits au but véritable de la religion et de la société humaine, et qui, partant du principe pacifique et vivifiant de
l'égalité chrétienne, appelle à la solidarité des souffrances
et à la communauté des affections ceux qui invoquent tous
un même père, ceux que Dieu a tous également créés à
son auguste image.

Ces idées de bienfaisance, grande et juste préoccupation
de notre époque, en réclamant toutes les aspirations, tous
les dévouements, tous les efforts, font aussi un appel à la
science économique et réclament d'elle un puissant et large
concours. En tout ce qui touche au paupérisme, il y a

une immense distance entre vouloir le bien et le réaliser, et ici la forme importe énormément au fond. L'aumône faite sans discernement est un mal; elle entretient l'oisiveté, perpétue l'indigence et les vices qui en sont la suite; et alors même qu'elle n'a pas ces funestes conséquences, elle n'est qu'un palliatif impuissant et passager pour des maux qu'il faut tarir dans leur source et attaquer dans leur principe générateur. Ce sont les causes du mal qu'il faut surtout rechercher et combattre sans relâche; autrement on pourra augmenter indéfiniment les sacrifices et finir par s'étonner qu'au lieu d'avancer on n'ait fait que reculer.

Or les causes du paupérisme, si elles sont immensément difficiles à extirper, restent au moins d'une constatation simple et facile. Tout le monde conviendra que si un ouvrier a de la moralité, s'il trouve un travail constant et suffisamment rémunéré, s'il est assuré contre les accidents par ses économies et par la prévoyance publique, il pourra, à l'aide de ces trois conditions, se procurer un bien-être et une aisance relatifs. Tout au contraire, son voisin auquel une de ces trois choses manquera, auquel soit le travail, soit la moralité, soit l'économie ferait défaut, est assuré de croupir dans l'indigence, lui et les siens. La moralisation, le travail et sa juste rémunération, la prévoyance contre les accidents, tels doivent donc être les buts incessants, exclusifs de la bienfaisance publique ou privée. Donner pour donner, laisser tomber quelques miettes de la table du riche pour céder aux importunités de la faim, c'est organiser et consolider le prolétariat, c'est constituer en taxe des pauvres une liste civile à l'indigence, et perpétuer héréditairement cette lèpre dégradante de l'humanité. Mais donner pour moraliser, donner pour faire travailler, donner pour rendre économe ou prévoyant, c'est faire un bien qui en amènera d'autres plus grands à sa suite, c'est confier à la terre une bonne semence qu'elle rendra au centuple, c'est travailler en même temps pour le bien-être des malheureux, pour la dignité de l'homme, pour la richesse et la sécurité de l'état.

CHAPITRE II.

De la moralisation des classes pauvres.

Au premier abord quand on parle de moralisation, il semble qu'on emploie un mot dont le sens est tellement étendu qu'il devient sans portée, et qu'on empiète sur le domaine de la religion. Mais il n'en est plus ainsi quand on comprend ce mot dans une acception restreinte sous le double point de vue des classes pauvres et de l'économie publique. En effet, d'une part la science économique, quand elle porte ses regards sur les choses morales, doit évidemment en limiter les aspects aux objets passibles de ses moyens de compréhension, et par conséquent, non pas aux faits particuliers ou abstraits, mais à ceux qui se groupent d'une manière générale et constante, et qui, par leur manifestation tranchée, offrent une assiette à l'appréciation. D'autre part, ainsi qu'une civilisation avancée offre à l'observation du médecin des affections plus nombreuses et plus compliquées qu'une vie simple et agreste, de même dans les classes pauvres où le monde des choses intellectuelles et le composé de la hiérarchie sociale n'interviennent pas avec leur millier d'actions et de réactions qui se croisent, dans ces classes, le vice est plus cru, plus insoucieux de sa nudité, mais aussi plus uniforme dans son mode, plus pareil dans ses allures, plus matériel et plus tangible dans son expression.

La fréquentation des cabarets pour les hommes, la débauche pour les deux sexes, voilà les deux plaies profondes qui ravagent le peuple et dont il faut s'occuper avant tout quand on veut améliorer sa position. Encore est-il vrai de dire, que l'abus des liqueurs enivrantes est peut-être des deux le mal le plus grave, car l'inconduite de la femme et par suite celle des enfants ne sont la plupart du temps que le résultat de l'ivrognerie et du délaissement du mari.

CHAPITRE III.

De l'abus des liqueurs enivrantes.

La misère est la fille de l'ivrognerie. Dès qu'un homme a appris le chemin du cabaret, l'indigence apprend bien vite celui de sa demeure, et vient tôt s'asseoir à son chevet. Certes, ceux qui n'ont pas eu comme nous l'occasion d'en faire l'observation cent et cent fois répétée, ne pourraient s'imaginer combien cette maladie du cabaret est multipliée, et à quel point d'abjection elle peut réduire ses victimes. Que de fois n'avons-nous pas vu des femmes flétries par les privations et les chagrins, en proie à des souffrances physiques, parfois héroïques dans leur courage, fournir par un travail obstiné à leur subsistance, à celle de leurs enfants, et à celle même de leur mari qui, ne travaillant plus, mais buvant toujours, extorque par la violence et la terreur les misérables gains de la femme, ou vend pièce par pièce le chétif mobilier du ménage pour satisfaire sa funeste passion. L'amour maternel lui-même, ce sentiment le plus vif de l'humanité, céderait s'il se trouvait en lutte avec cette triste manie. Villermé rapporte qu'à Lille les pharmaciens ont observé la consommation considérable de thériaque faite les dimanches et les lundis par les femmes d'ouvriers qui emploient ce narcotique pour endormir leurs enfants, et s'assurer ainsi les loisirs du cabaret. « On peut l'affirmer, » dit le même auteur, dans un remarquable ouvrage sur l'état des ouvriers, entrepris à la suite d'enquêtes approfondies, par ordre de l'académie des sciences morales et politiques, « on peut l'affirmer, l'ivrognerie est la cause » principale des rixes, d'une foule de délits, de presque tous » les désordres que les ouvriers commettent ou auxquels ils » prennent part. C'est le plus grand fléau des classes la- » borieuses ; qu'on la prévienne ou qu'on diminue sa fré- » quence, et les ouvriers deviendront tout à la fois moins » pauvres et meilleurs ; ce serait le plus grand service à » leur rendre. »

Il nous a paru utile de chercher à justifier par quelques chiffres officiels ce que M. Villermé émet comme une simple assertion.

Le nombre des morts accidentelles ayant pour cause l'abus du vin ou de l'alcool, a été de 735 pendant les trois années 1842, 1843, 1844, ou de 245 par année. Elle n'avait été, pendant les trois années précédentes, que de 637, ou 212 par année.

Le nombre des suicides dus à la même cause a été de 599 pendant les trois mêmes années 1842 à 1844, ou de 200 par année. Il ne s'était élevé, pendant les trois années précédentes, 1839 à 1841, qu'à 514, ou 171 par année. Il avait été encore moindre dans les trois années antérieures 1836, 1837, 1838, puisqu'il s'était borné à 336, ou 112 par année. On peut donc remarquer d'abord l'élévation de ces chiffres, et en outre leur tendance à s'accroître dans une fâcheuse progression.

Pendant les quatre années 1841 à 1844, le nombre des assassinats commis par ressentiment de rixes de cabaret, a été de 8 chaque année. Pendant la même période, le nombre des homicides commis dans des rixes de cabaret ou de jeu, a été de 307. L'ivrognerie amène donc tous les ans 500 à 600 morts violentes, et la ruine ou la dé- solation d'autant de familles.

Le nombre des aliénations mentales produites par les

mêmes causes s'est élevé en moyenne à 794 par année, pendant la période des années 1837 à 1841.

Mais tout cela n'est pas la centième partie des malheurs produits par cette redoutable passion, qui dans le Nouveau-Monde a détruit et balayé jusqu'au nom de nombreuses peuplades d'indigènes. Qui pourrait dire le nombre des rixes de cabaret qui vont aboutir à la cour d'assises ou en police correctionnelle, le nombre des morts précoces, des séparations de corps, des désordres de toute nature dont cette funeste manie est la cause principale!

On comprendra facilement que pour combattre un état de choses aussi désastreux, on ne saurait faire trop d'efforts et de sacrifices, et qu'un pareil sujet est digne d'attirer l'attention du publiciste et de l'administrateur. Si effrayant que soit le mal on peut espérer, à l'aide de moyens variés, employés simultanément avec zèle, arriver à circonscrire considérablement les ravages de ce fléau dévastateur. Parmi ces moyens on doit signaler ceux qui seraient offerts par les lois fiscales, les réglements municipaux, et par les modifications que peut opérer dans les habitudes populaires l'influence de l'administration ou des chefs d'ateliers.

Je ne parle pas des sociétés de tempérance, leur importation sérieuse ayant été jusqu'à présent impossible en France. Ces sociétés, pour produire leurs miraculeux effets, s'adressent exclusivement à l'enthousiasme des masses. Or, cet enthousiasme est plus facile en Amérique et en Angleterre où le sentiment religieux est dans le peuple plus répandu et plus réfléchi, et où d'ailleurs la chaleur et l'activité de la vie populaire se reproduisent avec beaucoup plus d'énergie que chez nous. Toutefois, on ne doit pas complétement désespérer de ce moyen d'action, car ce qui vit de l'enthousiasme populaire offre plus que toute autre chose des chances à l'imprévu et de la soudaineté dans ses effets. C'est le peuple surtout, qui est primesautier dans son allure, et d'un seul bond s'élance fort avant dans le bien comme dans le mal.

En Angleterre, le père Mathieu, ce grand citoyen, qui a régénéré plus d'hommes que des conquérants n'en ont exterminés, fut amené accidentellement et par la circonstance fortuite d'une sollicitation individuelle, à ouvrir sans y songer la mission qu'il a si glorieusement parcourue.

Il est bon cependant de remarquer qui si ce prosélytisme venait à s'implanter en France, ce ne pourrait pas, ce ne devrait pas être sur les mêmes bases que dans la Grande-Bretagne et les Etats-Unis. Partant du principe vrai qu'il est plus facile de s'abstenir que de se modérer, les *teetotallers* ont proclamé la proscription absolue des liqueurs enivrantes, proscription qui est sans graves inconvénients et peut-être même sage dans ces pays. Le travailleur qui y trouve la viande abondante et de bonne qualité, en fait une consommation beaucoup plus grande que l'ouvrier français, et cet aliment substantiel répare ses forces d'une manière suffisante. D'un autre côté, il se privera sans regret d'un vin dont le prix est loin d'être accessible à la consommation journalière, à moins qu'on ne se contente de fabrications frelatées fort au-dessous de la pire ale qu'on puisse rencontrer. Chez nous, au contraire, où la consommation de la viande est si restreinte, surtout dans les campagnes, la vigne qui entre pour une si grande part dans notre agriculture fournit en même temps une ressource précieuse pour l'alimentation des ouvriers et pour tempérer l'inconvénient qui résulte du prix élevé de la viande relativement aux salaires. La consommation du thé est d'ailleurs nulle chez nous en comparaison de celle de l'Angleterre, et cette consommation n'y aurait pas la même utilité que sous le ciel brumeux et humide de la Grande-Bretagne. Le système du *totalisme* serait donc peu naturel en France. La perspective de combler les caves et de demander exclusivement

aux rivières, la liqueur qui doit égayer nos tables, ne sa-
tisferait ni le fisc, grand préleveur de dîme sur le vin,
ni les consommateurs, ni l'agriculture, ni le commerce.
La proscription absolue devrait donc se borner à l'alcool;
quant au vin il suffirait d'atteindre sa consommation sur
place dans les cabarets.

Sur ce pied, et en attendant que le vent des sociétés de
tempérance vienne à souffler sur la France, ce qui pourrait
se faire encore longtemps attendre, la loi fiscale ou les
règlements d'octroi peuvent rendre de très-grands services
en frappant d'une surtaxe considérable l'alcool non dénaturé, et en restreignant ainsi forcément sa consommation.
Le vin nourrit et fortifie, on doit en user sobrement;
l'eau-de-vie, que le spirituel Méry appela si judicieusement
eau-de-mort, corrode et détruit, on doit donc s'en priver
en entier.

« Sans même qu'ils s'enivrent, dit Villermé, en parlant
» d'observations faites à Amiens, beaucoup de ces tra-
» vailleurs, ainsi que beaucoup d'hommes des autres classes
» ouvrières, boivent tous les matins *à jeun*, surtout dans
» la ville, un ou plusieurs petits verres d'eau-de-vie;
» habitude que les médecins de l'Hôtel-Dieu regardent
» comme la cause de maladies de l'estomac très-fréquentes
» chez ces buveurs, et dont les autres seraient exempts. »

« Ces maladies, que les médecins désignent sous le nom
» de squirrhe, de cancer de l'estomac, paraissent emporter
» le vingtième des morts de l'hôpital; il résulterait du moins
» de relevés faits dans cet établissement, où l'on ouvre
» tous les cadavres pour s'assurer de la cause de la mort,
» que pendant cinq années consécutives (1832-1836),
» 37 hommes auraient succombé au cancer de l'estomac,
» sur 723 décédés, parmi lesquels ne sont pas comprises
» les victimes du choléra. C'est 1 sur 19. »

Ajoutons aux observations de ce publiciste que la fabrication du vin intéresse grandement notre agriculture, mais que l'alcool ne se fabrique plus qu'en moindre partie avec les résidus du raisin, résidus qui trouveraient d'ailleurs toujours leur emploi pour l'alcool dénaturé réclamé par les arts. Provenant en grande partie de la distillation des pommes de terre et même des céréales, il enlève ainsi au peuple des substances alimentaires précieuses pour les transformer en produits délétères. Cette eau-de-vie de pomme de terre, plus nuisible pour la santé, a d'ailleurs les effets les plus funestes ; tout le monde sait, et l'expérience des tribunaux correctionnels en fait foi, que cette nature d'alcool engendre une exaltation forcenée, beaucoup plus féconde en rixes sanglantes que l'ivresse de la bierre ou du vin. Pour remédier à ces graves inconvénients, il serait utile de renouveler les lois qui, de 1816 à 1819, ont proscrit la distillation des pommes de terre et des céréales ou tout au moins de la grever de droits spéciaux considérables. On viendrait ainsi en aide à la santé et à la moralité du peuple, en même temps qu'on favoriserait l'industrie viticole qui, étant éminemment indigène mérite protection.

Malheureusement notre législation a été au rebours de ces principes et a complétement oublié ce point de départ lumineux et concis que M. de Villèle avait posé dans son discours pour la présentation de la loi du 24 juin 1824 : *l'eau-de-vie n'est point un aliment comme le vin, et encore moins un objet de première nécessité.* La loi du 12 décembre 1830 a accordé aux alcools un dégrévement qui dans beaucoup de cas s'élève jusqu'à 33 pour cent des droits antérieurs. Cette réduction, concédée pour apaiser les doléances des propriétaires de vignes, ne leur a aucunement profité ; elle n'a fait que développer énormément la distillation des grains et des fécules, au point d'inonder même les marchés du midi et de dominer l'exportation. Par suite, le prix des alcools a graduellement baissé. M. Daru constate, dans son rapport sur la loi du 18 juin 1843, que de 1839 à 1843, ce prix est tombé de 70 francs à 37 francs. Ainsi, le dégrèvement des droits augmenté même depuis par l'affranchissement de taxe des alcools dénaturés, s'est trouvé concourir avec un abaissement prodigieux du prix de la production. Cet état de choses se résume par les résultats suivants, tous également fâcheux : 1° Accroissement énorme de la consommation de l'eau-de-vie, au grand détriment de la santé et de la moralité du peuple, et ce par suite d'une baisse de prix telle que beaucoup de propriétaires donnent à leurs ouvriers de l'alcool au lieu de vin ; 2° préjudice considérable pour l'industrie viticole ; 3° soustraction à l'alimentation d'une énorme quantité de céréales et de solanées enlevées par la distillation ; 4° diminution des droits du trésor et des octrois par suite d'un dégrèvement qu'il eût bien mieux valu pour le peuple faire porter sur la taxe du sel.

Mais la science de l'impôt, science que l'avenir rendra l'un des instruments les plus actifs de civilisation et de moralité, est encore bien neuve chez nous. La fiscalité la plus ingénieuse et la plus productive consisterait à considérer l'impôt comme élément de moralisation. Par là on accroît à la fois la richesse du contribuable et la richesse du trésor. L'impôt doit être progressif, non d'après l'élévation des fortunes, mais d'après la nature des consommations rangées suivant l'échelle de leur nécessité et de leur moralité, car si la consommation est folle ou nuisible, le pauvre a, plus encore que le riche, besoin d'en être détourné ; chaque fois qu'un ouvrier s'abandonne au désordre, il porte un double préjudice au trésor : cessant de travailler et de produire, il dérobe sa quote-part à l'impôt en même temps qu'il devient une charge pour l'état en devenant pensionnaire des bureaux de bienfaisance, des hôpitaux ou des prisons.

Tels sont les vrais principes de l'impôt. En s'y confor-
mant, la loi fiscale interviendrait encore avec efficacité de
plus d'une manière en ce qui concerne les cabarets. Il
importerait d'abord de réprimer sévèrement les mélanges et
les sophistications habituels dans ce trafic. Par là, on res-
treindrait la consommation du vin en en élevant le prix,
mais surtout on protégerait la santé de l'ouvrier, altérée
par des substances souvent malfaisantes et qui le jettent
bientôt dans un hébètement où il entre peut-être autant de
malaise que d'ivresse. Le budget et les octrois municipaux
y gagneraient les droits dont le bénéfice est soustrait par
cette fraude, et des avantages semblables en résulteraient
pour le commerce et l'agriculture, la falsification n'ayant
lieu qu'au dépens de la production.

Il serait également utile d'atteindre les cabarets qui se
placent aux barrières et à la limite de l'octroi des grandes
villes, pour s'affranchir ainsi des droits considérables qui
grèvent les entrées. On y parviendrait en soumettant les
cabaretiers qui exercent dans un rayon donné de l'octroi
des grandes villes à la même patente que les patentes ur-
baines de même nature, ou même en y élevant quelque peu
les droits d'exercice pour profiter au fisc et aux octrois. La
franchise des droits assis sur une consommation inutile et
dangereuse mérite d'être restreinte le plus possible; il
vaudrait mieux diminuer d'autant les droits qui atteignent
les substances alimentaires d'un usage indispensable.

D'ailleurs les cabarets situés hors de l'enceinte, mais ne
s'alimentant que par la consommation de la ville limitrophe,
ont d'autres inconvénients pour l'ordre public. Outre que
la fraude des droits y est plus facile et plus fréquente qu'à
l'intérieur, la police du village est impuissante, avec ses
moyens bornés d'action, pour réprimer la turbulence des
buveurs nombreux ou étrangers à la localité, ou pour surveiller les filles perdues qui viennent fréquemment hanter

ces refuges, affranchies des réglements auxquels les as-
sujettit le séjour de la ville.

Enfin, il serait à désirer qu'on pût établir une différence
pour les droits fiscaux entre les cabarets où la consommation
se fait sur place et les débits d'où le vin serait acheté
pour être transporté à domicile et consommé par la famille
de l'ouvrier. Le stationnement dans les cabarets est dangereux. Là se croisent des paroles brutales ou obscènes,
là se glissent les folles filles des carrefours, là des rixes
faciles, un entraînement à boire toujours davantage, et
toutes ces choses sans nombre et sans nom qui font de
l'entrée dans un cabaret, d'abord un accident, ensuite un
goût et une habitude, et enfin un besoin, une passion
irrésistible, une manie. Mais quand l'ouvrier rapporte chez
lui la modeste provision réservée à son ménage, il a droit
à plus de protection. Car si le vice est prodigue autant
que personnel, toute consommation qui se fait en famille
est d'ordinaire plus économique et sujette à beaucoup moins
d'excès. Si l'ouvrier veut consoler et égayer son existence
laborieuse par un plaisir fugitif, ce doit être autant que
possible au milieu des siens, sous l'œil salutaire de la
famille et en le partageant avec elle. Quand au contraire
il va occuper ses loisirs dans le voisinage et avec des
visages étrangers, il se détache peu à peu du vrai lien
de son bonheur et finit par déserter toujours de plus en
plus une maison dans laquelle il ne retrouve que des re-
proches et des fronts soucieux.

Un autre moyen d'action considérable se trouve dans les
réglements municipaux qui ont, pour la police des cabarets,
une influence plus opportune, plus commode que la loi
elle-même, et plus appropriée à la nature des choses. Un
maire pouvant chaque jour et à son gré modifier, suspendre ou abréger les réglements de police, il lui est loi-
sible de tenir compte des exigences successives que peuvent

amener les époques, les mœurs ou la composition de la
population qu'il administre. Il peut aussi entrer dans une
foule de détails utiles et essentiels dont la minutie relative
serait au-dessous de la dignité du législateur. Enfin, n'a-
gissant que sur une échelle moindre, et pour si peu de temps
qu'il lui plaît, il est libre de tenter un essai, sachant qu'il
pourra y renoncer sur-le-champ s'il se révèle un inconvénient
dans la pratique, et lui donner de l'extension en cas de succès. Les arrêtés des maires et des préfets sont en cette matière le plus sûr moyen d'éclairer, de sonder et de préparer
la voie dans laquelle le législateur pourrait entrer, fort de
l'expérience conquise par ces précédents.

Le maire de la ville de Metz a donné l'exemple d'une
innovation louable et utile en défendant aux cabaretiers
de recevoir les mineurs de seize ans, s'ils n'étaient accom-
pagnés de leurs surveillants légaux. Il serait bon aussi de
mettre à profit certaines dispositions pratiquées avec succès
dans d'autres localités, par exemple d'interdire dans les
cabarets les jeux de dés, de cartes ou de hasard, de dé-
fendre aux cabaretiers de recevoir en gage ou en paiement
les vêtements des buveurs, et surtout leur livret ou passe-
port, abus donnant lieu à l'arrestation de tant de malheureux
qui subissent une longue détention préventive avant que
leur identité ait pu être constatée.

Dans les grandes villes on s'occupe avec raison de régle-
menter les professions des boulangers, des bouchers, et
même une foule d'autres intéressant beaucoup moins l'ordre
public. On limite le nombre de ceux qui pourront pratiquer
ces métiers; on subordonne leur exercice à une admission
préalable de l'administration, ou on l'entoure dans l'intérêt public d'une foule d'assujettissements et de restric-
tions. Il est étrange qu'on oublie presque toujours de s'occuper de la profession des cabaretiers, celle qui peut-être
doit le plus éveiller la sollicitude d'une administration vigi-

lante. Que de bien à faire, que de malheurs à prévenir sans péril et sans qu'il en coûte la moindre dépense ! Combien de malheureux n'avons-nous pas vu jetés à la suite d'une nuit d'orgie sur les bancs de la cour d'assises ou des tribunaux correctionnels, qui seraient peut-être restés irréprochables, si l'autorité remplissant son devoir avait rédigé des réglements sages ou tenu la main à l'exécution de ceux qui existent. Mais on tolère trop dans les campagnes l'oubli des réglements, souvent même leur violation notoire est autorisée. Parfois le maire ou l'adjoint est lui-même cabaretier, ce qui engendre des abus faciles à concevoir.

Une des dispositions réglementaires qu'on pourrait considérer comme la plus utile, serait de prévoir et de prévenir la circulation dans les rues et lieux publics en état d'ivresse notoire. Une réprimande publique et une amende minime pour la première fois, un emprisonnement d'un à trois jours en cas de récidive, sont des peines légères, mais elles pourront suffire pour avertir et arrêter à temps sur le penchant de l'abîme celui qui n'a pas encore contracté l'habitude incorrigible des cabarets. D'ailleurs la sécurité publique y a un tel intérêt qu'on peut s'étonner à bon droit de l'insouciance existante à cet égard ; on rencontre dans les rues des hommes chancelants d'ivresse, effrayant les femmes et les enfants, menaçant les passants de leur chute ou de leur contact immonde, les scandalisant par des propos grossiers ou obscènes, exposés eux-mêmes à se blesser ou tout au moins à endommager l'unique vêtement qu'ils possèdent. C'est mal comprendre la dignité de l'homme, ce n'est pas respecter son semblable, que de tolérer sans obstacle le spectacle journalier de cette affligeante dégradation.

Enfin on peut poser comme constant qu'un moyen de combattre l'ivrognerie encore plus efficace que ceux que nous venons d'énumérer, résulte de l'influence que peut donner

aux chefs d'ateliers et même, en certains cas, à l'administration sur les amusements, la discipline et les mœurs des
ouvriers, une direction éclairée et conforme à d'honorables
exemples.

CHAPITRE IV.

De l'occupation des loisirs du peuple.

Les ouvriers prennent les plaisirs qui leur tombent sous
la main, n'ayant ni le temps ni le discernement nécessaires
pour faire un choix. Il faudrait penser pour eux, et les
entourant de la même prévoyance que l'enfant, mettre le
bien à leur portée. Sans quoi, s'ils ne trouvent que le mal,
ils ne se feront pas scrupule de s'y prendre, faute de mieux,
et s'accommoderont de la débauche et du cabaret, tout
comme peut-être ils se seraient accommodés d'un autre
passe-temps moins funeste, si chemin faisant ils l'avaient
rencontré.

Les cabarets, les spectacles et les bals publics nocturnes
sont des divertissements populaires également dangereux;
nous avons déjà parlé des premiers.

Un observateur attentif, ne marchant qu'à l'aide d'observations positives, a signalé, dans un mémoire soumis à
l'Académie des sciences morales et politiques, tout ce que
les spectacles avaient de dangereux à Paris pour la classe
laborieuse, l'impétuosité avec laquelle les adolescents se
portaient à ce plaisir, se procurant par toute espèce de
moyens de l'argent pour satisfaire ce penchant, qui bientôt en amenait à sa suite d'autres pareillement funestes. Et
pourtant les villes de province s'imposent d'énormes sacrifices
pour accorder des subventions aux théâtres, pendant qu'on
laisse en souffrance des besoins d'une bien autre importance. Nous n'aborderons pas ici la question de la moralité

des spectacles, discussion qui demande beaucoup de so-
briété, de ménagement et de sagesse, si l'on ne veut dire
que des choses praticables et sensées; si c'en était ici le
lieu, nous pourrions démontrer que, même en accordant
à l'importance et à l'utilité des arts scéniques une part aussi
large qu'on voudra, il existe pour les soutenir des moyens
simples, plus sûrs et plus efficaces que des subventions
qui ne les empêchent pas de végéter misérablement. Bor-
nons-nous à signaler que ces allocations violent manifeste-
ment, si ce n'est la lettre, tout au moins l'esprit des lois
si judicieuses, qui regardant les spectacles comme une
matière éminemment imposable, les ont frappés de l'impôt du dixième en faveur des hospices communaux. Suivre
une marche directement contraire, se charger de cet impôt
en le reportant sur les octrois, les grever, en sus, d'une
allocation en faveur des directions théâtrales, c'est prendre
sur la subsistance nécessaire du pauvre pour exonérer
d'autant celui qu'à tort ou à raison le législateur avait
entendu imposer.

Pour ce qui est des bals publics nocturnes, des grandes
villes ils se sont impatronisés dans les villages et les ha-
meaux. Les nuits d'hiver s'y passent en orgies de toute
nature, et l'ivresse y donne la main à la débauche. L'argent
manque pour acheter du pain, mais il ne manque pas pour
suffire à ces fâcheux désordres, qui portent la désolation
dans les familles, en attendant que l'administration veuille
bien y porter remède, ce qu'elle peut faire par des réglements administratifs.

Voilà les désordres à éviter ; quant aux divertissements
qui ont le double mérite de procurer un délassement hon-
nête et d'être sans danger pour les bonnes mœurs, il faut
à cet égard se garer de rêves et d'utopies qui auraient l'inconvénient d'être singuliers ou peu praticables. On ne
saurait mieux faire sous ce rapport que de s'en remettre

aux leçons de l'expérience ; d'imiter et de propager ce qui
a été tenté avec succès dans plusieurs grands établissements
industriels, par exemple à Vesserling, à Mulhouse et à
Seraing. Dans plusieurs fabriques on donne à chaque famille d'ouvriers la jouissance d'un petit jardin dont la cul-
ture procure une récréation paisible, et en même temps
salutaire en amenant à stationner longtemps au grand air
celui qui en est trop longtemps privé dans les ateliers.
Quelques-uns établissent des bibliothèques pour les ouvriers,
des gymnases pour les enfants et les adolescens, ou des
jeux adaptés aux mœurs du pays. Il est louable le citoyen
qui, s'investissant d'une magistrature populaire, se posant
plutôt en ami qu'en maître de ses ouvriers, s'adonne à
leur amélioration avec un zèle profitable à la société et
digne de la reconnaisance du pays. On ne saurait trop
encourager ces efforts, et il est grandement à regretter que
le gouvernement ne cherche pas à en propager l'exemple
en leur donnant une éclatante approbation.

Ainsi, c'est certainement une grande chose que de réunir
dans une exposition quinquennale tous les poduits de l'industrie française et de récompenser publiquement le com-
merçant le plus actif ou le plus ingénieux. Mais quel bel
et digne complément ce serait de cette solennité nationale,
si le rapport, à côté des éloges sur la mise en œuvre des
matières premières, signalait aussi les améliorations intro-
duites par tel ou tel fabricant dans les mœurs et le bien-
être des ouvriers, et les sacrifices faits pour arriver à ce
but ; si après avoir préconisé l'heureux spéculateur, il louait
aussi l'industriel bienfaisant qui s'établissant comme un
père au milieu de la famille de ses ouvriers, étend à ses
enfants adoptifs une bonne partie des soins que le plus
grand nombre réserve pour ses machines et ses produits.
J'ose dire qu'une décoration donnée publiquement à ces
titres par la main royale ne siérait pas plus mal sur le

cœur d'un tel homme que celle qui apporte à d'autres l'honneur en récompense de la richesse.

L'administration pourrait peut-être aussi par un autre côté tenter les résultats. Les écoles lui donnent les mêmes moyens d'action sur les adultes que les ateliers en fournissent à leurs chefs sur les hommes faits. Là par exemple peut se trouver facilement le noyau de bibliothèques populaires. Les écoliers qui ont terminé leurs classes pourraient être admis à fréquenter, pendant les cinq ou six années qui suivent, une bibliothèque établie dans l'école, bibliothèque dont l'instituteur serait le gardien et dans laquelle se trouveraient des livres de morale et aussi des ouvrages utiles aux applications industrielles, ouvrages qui seraient lus sur place ou emportés à domicile. On pourrait même, comme moyen d'émulation, et parce que toute chose qui n'est pas ouverte à tous est plus désirée, n'y admettre que ceux des élèves qui auraient terminé leurs classes avec des témoignages de bonne conduite et d'application. S'il y avait un gymnase ou un préau annexé à l'école, ces anciens élèves pourraient s'y livrer aux jeux ou à la conversation aux heures autorisées pour la fréquentation de la bibliothèque.

Dans les écoles aussi, on peut tirer pour ce but le plus grand parti de la musique; non pas de cette musique qui peuple les orchestres d'artistes faméliques, la scène de choristes dissolues et les carrefours de ménestrels suspects et vagabonds, mais de cette musique vraiment populaire, qui est un noble délassement pour un nombre considérable d'exécutants, comme les sociétés d'harmonie de Belgique et le magnifique établissement de l'Orphéon de Paris peuvent en donner des exemples. Quoi de plus intéressant et de plus beau qu'une nombreuse réunion de peuple, dont une partie exécute d'une manière satisfaisante et avec l'harmonie d'un vaste ensemble des morceaux de musique vocale ou instrumentale, pendant que l'autre partie écoute avec d'autant plus d'intérêt que les exécutants sont les enfants ou les frères des auditeurs, et que la famille se trouvant là toute entière met ses joies en commun. C'est une manière heureuse d'occuper les loisirs sans les mêmes dépenses, les mêmes dangers que les spectacles, et en adoucissant en même temps ce qu'une existence laborieuse et rude peut laisser dans les mœurs d'âpre et de grossier. Il est vrai que nous n'avons pas chez nous ces admirables chants populaires allemands qui enseignent d'une manière si poétique, si touchante, la religion vraie, la pitié pour le plus pauvre que soi, le courage dans le travail, la patience dans les peines et l'attachement au foyer domestique. Littérature du pauvre, plus noble, plus attachante, plus prenant au cœur que le clinquant lyrique, ou les produits désordonnés dont nous dote un orgasme poétique surexcité. Toutefois on peut espérer que ce vide sera en partie comblé, grâce à une auguste princesse qu'un immense malheur a si bien initiée au secret et à la sympathie des souffrances, grâce également à M. de Salvandy, signataire de l'ordonnance qui a ouvert un concours à ce sujet.

CHAPITRE V.

De l'esprit à apporter dans l'amélioration du système pénitentiaire.

Nous venons de rechercher comment on devait répandre la moralité parmi le peuple et se préoccuper même de ses plaisirs et de ses amusements, pour en écarter les occasions de corruption, tout en lui procurant un repos et des distractions qui consolent ses soucis et réparent ses forces. Mais au-dessous de cette couche de misère et d'ignorance, dans le sentier le plus délaissé de la société, il existe une classe nombreuse pour laquelle la lumière morale a cessé de briller, et qui assise dans les ténèbres les plus épaisses, semble faire un monde à part, monde de douleurs et d'abjection. Il reste à parler de ces coupables frappés par les lois, qui, sortis des prisons et des bagnes, rentrent chaque année par milliers dans la société, et y séjournent en ennemis, aigris et repoussés, jusqu'à ce qu'une nouvelle condamnation fasse justice d'un nouvel attentat. Eux aussi sont dignes d'intérêt, car sans examiner si parfois le fardeau n'a pas été trop lourd et si la faiblesse humaine n'a pas dû fléchir sous son poids, on peut dire que là même il y a encore beaucoup à espérer, et que chez eux à force de zèle et de patience on peut retrouver et ranimer ce restant de chaleur morale que recèle le cœur de l'homme le plus perverti. Entre un grand nombre d'exemples, nous nous bornerons à citer les suivants.

Dans une communication à l'Académie des sciences morales et politiques, le célèbre docteur Chalmers rapporte que dans la prison de Newgate, les prisonniers pour dettes n'étaient nourris, ni par l'état parce que le roi n'était pas la partie poursuivante, ni par les créanciers, puisque n'étant pas débiteurs ils n'avaient rien à payer. Quelque respectables que soient les vieilles coutumes de la très-glorieuse constitution d'Angleterre, il paraît néanmoins peu compatible avec la nature de l'homme de vivre sans manger, et ce conflit négatif devait mettre en péril la vie des débiteurs. Mais les criminels de Newgate, plus humains que la loi, se cotisèrent et prélevèrent sur une portion d'aliments insuffisante pour eux-mêmes, de quoi soutenir l'existence de leurs malheureux codétenus, qui ne jouissaient pas du privilége de la nourriture réservé aux seuls malfaiteurs.

En France, on connaît les prodigieux résultats de la colonie de la Mettray et les restitutions nombreuses opérées

à la suite des retraites religieuses dans les maisons cen-
trales. Mais ce qu'on ne peut dire sans en être touché,
c'est que les réclusionnaires de Melun, lors d'une retraite
prêchée par le respectable abbé Laroque, sollicitèrent
comme une grâce de l'administration, la faveur d'ouvrir
parmi eux une souscription en faveur des pauvres.

J'ai choisi ces exemples parmi les autres pour montrer
combien la bienfaisance et l'humanité ont des attaches profondes dans le cœur de l'homme et quelles ressources on
peut en tirer. C'est cette corde qu'il faut solliciter, car c'est
là que se retire tout ce qui reste de vie dans le cœur de
l'homme le plus corrompu, et chez lequel le sentiment
qu'on croit le plus vivace, celui de l'honneur lui-même a
entièrement péri. Dans ce sol maudit, qui ne porte plus
que des fruits d'amertume et de désolation, la miséricorde
et la mansuétude peuvent cependant encore trouver à
prendre racine, et parfois à donner une récolte inespérée.
C'est par suite de cette conviction et sous l'empire de ces
sentiments que les idées suivantes vont être énoncées.

De l'emprisonnement.

Dans notre système pénal, aussitôt qu'elle a été prononcée,
la peine reste fixe et invariable. C'est une dette qui est à payer
sans augmentation ni atermoiement. Une fois qu'elle a parlé,
la loi se retire et se courbe devant son œuvre, ne se croyant
plus le droit d'y retoucher. Marquée comme d'un sceau de
fatalisme, la sentence s'exécutera, quoi qu'il arrive et dans
son entier, sans qu'on puisse y ajouter ou retrancher.

Il est vrai que le droit de grâce existe, mais ce droit
suprême de révision et d'annulation par le fait de la chose
souverainement jugée, n'est et ne doit être qu'un remède
d'un emploi rare et extraordinaire. Il ne peut suivre les
criminels dans tous les temps dans tous les lieux, à toute

heure, s'identifier à la peine et s'incorporer avec elle. Exercé plus fréquemment que sa nature toute particulière ne le comporte, il donnerait lieu à des inconvénients très-graves que je ne veux pas développer ici. Et pourtant, même dispensé de cette manière, ce remède n'aurait pas encore été assez fréquent ni assez efficace.

L'élasticité de la peine peut seule selon nous réaliser ce but désirable. On y trouverait une grande équité, de grands avantages et de puissants moyens de moralisation. Pour formuler cette pensée, nous proposerions que toute peine d'emprisonnement pût être, pendant sa durée, augmentée ou diminuée d'un dixième au plus, par des arrêtés de commission de surveillance, homologués par le tribunal en la chambre du conseil, le tout conformément à des réglements d'administration publique qui seraient rendus à cet effet.

Rien en cela n'offenserait la plus stricte justice. L'intensité du châtiment ne doit-elle pas être proportionnelle à son efficacité? Si la peine a pour but de moraliser, pourquoi faire abstraction du résultat, et n'établir aucune corrélation entre la cause et l'effet? Les crimes et délit proviennent d'infirmités et de maladies morales qu'il s'agit de guérir ou d'atténuer; or quel médecin arrête à l'avance invariablement son traitement en s'interdisant de tenir compte des éventualités de l'avenir?

Pourquoi le passé, le triste passé, peserait-il seul sur le condamné d'une manière fatale et irrévocable? C'est surtout de son présent et de son avenir qu'on doit l'occuper. Il faut qu'il ait chaque jour à ses côtés pour le contenir l'espérance et la crainte, qu'il sache qu'il dépend quotidiennement de lui d'aggraver ou d'améliorer sa situation. Le châtiment doit être pour ces esprits aveuglés une figure visible de la divine Providence qui nous surveille et nous conduit pas à pas, nous imputant chacune de nos moindres actions à miséricorde ou à justice.

Ce serait là un puissant moyen de discipline. Car cette
pensée serait à chaque instant présente à l'esprit du condamné que sur dix jours de captivité, il peut en gagner un
par sa bonne conduite ou en perdre un par sa faute. En
conquérant ainsi heure par heure des jours de grâce qu'il
ne devrait qu'à ses efforts, il se relèverait à ses propres
yeux, et prendrait l'habitude de tourner ses regards vers
le bien. Une destinée fixe et irrévocable favorise l'abatte-
ment et le désespoir que la captivité n'est que trop propre
à engendrer. Un stimulant qui serait à la fois moralisant,
favorable à la discipline, et toujours présent à l'esprit du
condamné, serait donc un élément de bonne administration
dont il n'y a aucun avantage à se priver.

De l'emprisonnement éventuel.

Une idée rentrant dans le système qui vient d'être énoncé
serait celle d'admettre un tempérament à la peine d'emprisonnement lorsqu'elle n'excéderait pas un mois de durée.

Dans ces cas, l'emprisonnement a souvent plus d'inconvénients que d'avantages. Une peine aussi courte n'a pas
le résultat d'une détention plus longue, qui est de mettre
le coupable hors d'état de nuire, de prévenir ainsi de
nouveaux délits, et de donner de la sécurité à la société
par la disparition durable du malfaiteur. Elle perd alors
le caractère préventif pour être exclusivement répressive,
et l'on peut dire dans cette circonstance ce que les Romains
disaient en général de la peine de la prison: *Carcer non
ad continendos, sed ad puniendos homines.*

En outre, alors, la nature du châtiment humilie et démo-
ralise souvent le condamné plus que ne le comporterait une
peine aussi peu grave et un délit aussi léger. En effet,
une fois que la prison s'est refermée sur un condamné,
dans son esprit comme dans celui de ses concitoyens, une

partie notable de son honneur a disparu. Il a reçu une sorte d'initiation à la vie des malfaiteurs, et s'est trouvé vivant en communauté avec eux. Ce premier pas franchi, il n'a plus une confiance aussi solide en lui-même, ni une frayeur égale d'un châtiment dont il a avalé la première et la pire amertume. Il rentre ensuite dans sa famille, mais ce n'est plus le même homme, ni à ses yeux, ni à ceux des siens ; car il a vécu avec des criminels, il a franchi ces portes *par lesquelles on va au milieu d'une race perdue,* au seuil desquelles on laisse en entrant son espoir et son honneur. Oh! pitié, pitié pour lui, si vous savez que son âme reste ouverte aux bons sentiments. Dans ce cas, ne le rendez pas pire qu'il n'est, et n'écrasez pas le roseau à moitié brisé. Permettez-lui plutôt de laver sa faute, de racheter le mal par son repentir, et forcez-le par la peur du châtiment à se réfugier plus avant dans le bien pour effacer le souvenir et l'erreur d'un moment.

Je proposerais que, lorsque la peine n'excède pas un mois d'emprisonnement, les tribunaux puissent, s'ils le jugent opportun, ajouter dans le jugement de condamnation que cette peine ne sera exécutée qu'éventuellement. Dans ce cas, l'arrestation ne pourrait avoir lieu que par suite d'un avis du tribunal rendu avant la prescription quinquennale en la chambre du conseil, eu égard à la conduite du condamné depuis le jugement. Si pendant deux années consécutives, cette conduite avait été irréprochable, le condamné serait déchargé de la peine par jugement préparé en chambre du conseil, et prononcé ensuite en séance publique. Il pourrait même, dans ce cas, être réhabilité et la condamnation être réputée non avenue.

Par là, pour les fautes légères, la loi punirait en père qui, même en frappant désire épargner ses enfants. La peine serait un remède dispensé avec prudence et réserve, et non plus une exécution sans pitié ni retour possible.

La porte du repentir serait tout au large ouverte, et ceux qui s'y jetteraient y trouvéraient un asile contre le châtiment. C'est mal connaître le cœur humain que de consacrer l'inflexibilité de la peine, car l'homme s'émeut surtout de l'inconnu, et aussi de ce que sa volonté peut conjurer. Dans certains cas donnés, on le corrigera plus radicalement en le laissant longtemps sous l'influence de l'espoir et de la crainte, qu'en lui infligeant un court châtiment.

D'ailleurs, outre que ce tempérament ne serait accordé par les tribunaux que dans les occasions où ils jugeraient qu'il peut être utile, il ne serait qu'une juste compensation pour les circonstances d'inégalité qui donnent une aggravation particulière aux peines n'excédant pas un mois de prison. En effet, ces peines sont subies dans les maisons d'arrêt où n'existe pas, du moins en fait, la loi du travail, qui à la fois moralise et diminue l'ennui de la captivité. Fatigués et abrutis par une stupide oisiveté, les condamnés passent leur temps dans des conversations d'autant plus fâcheuses qu'ils se trouvent confondus avec les détenus préventivement, c'est-à-dire que les grands criminels y passent deux, trois ou six mois, pendant la durée de l'instruction, et que ce séjour est beaucoup plus dangereux que celui des maisons de correction. Aussi, qu'une jeune fille aille demeurer quinze jours dans un pareil repaire avec des femmes perdues, ce sera miracle si elle n'en sort pas plus pervertie, et si le châtiment n'a pas agi dans un sens directement contraire à son but principal, la moralisation.

Enfin, les condamnés à six mois ou un an de prison peuvent, s'ils se conduisent bien, espérer de la clémence royale une réduction de peine. Mais cet espoir est interdit à ceux dont la peine est trop courte pour qu'on puisse tenir compte de leur conduite et de leur amendement.

J'ajoute que de la mesure proposée résulterait une économie considérable, car un grand nombre de condamnations prononcées ne seraient pas subies, ces condamnés ayant fait entièrement retour au bien. Du reste, aucun danger ne pourrait résulter de cette innovation, puisqu'elle serait entièrement facultative, et que l'usage en deviendrait plus fréquent ou plus rare, selon qu'on y reconnaîtrait des avantages ou des inconvénients.

Du patronage des condamnés libérés.

Il est effrayant de voir les condamnés après une captivité rigoureuse, jetés brusquement et sans transition dans la société, comme dans un désert où personne ne les accueille et ne les protége; la plupart du temps sans lien moral avec d'autres êtres humains, chargés du fardeau d'une liberté dont ils ne savent que faire, et qui n'est qu'un dangereux instrument pour le mal. La surveillance est un remède stérile, ne servant qu'à les aigrir et à rendre leurs pas plus difficiles au lieu de les aider.

Pour les conduire et les surveiller réellement, il leur faut de toute nécessité une tutelle et un patronage; car ils ont non-seulement à se créer de nouveau une existence, mais encore à désapprendre le passé, et à se décharger du poids douloureux de ses souvenirs et de ses influences. Il leur faut donc une main secourable, mais ferme et solide, sur laquelle ils puissent s'appuyer. Il leur faut, entre la gêne absolue de la prison et l'éblouissement subit d'une liberté indéfinie, une transition, un état intermédiaire qui prépare et soutienne leur convalescence morale.

Pour arriver à ce but, des comités de patronage pourraient être organisés par ordonnances royales. Chaque condamné libéré d'une peine afflictive, ou de plus d'une année d'emprisonnement, serait placé pendant un temps égal à la durée de sa peine, sous la curatelle d'un des membres du comité de patronage.

Ce curateur officieux, devant lequel le condamné serait tenu de se représenter à des époques déterminées, devrait aider le condamné libéré de ses conseils, de sa surveillance et de son appui, pour lui procurer du travail et des ressources. Par là cesserait cet abandon douloureux et absolu du condamné, objet universel de mépris et d'effroi, et marchant seul au milieu de tous sans inspirer de sympathie à personne. Mais le patronage ne serait qu'une conception stérile et sans portée, s'il n'était soutenu par une autorité réelle et efficace. Pour y arriver, le condamné libéré devrait être assimilé, pour la direction de sa personne et de ses biens, au mineur émancipé. Ainsi, au lieu de consommer en quelques journées d'orgies le pécule acquis par le travail de la prison, cet argent lui serait remis en un livret de la caisse d'épargne dont il ne pourrait toucher le capital sans l'autorisation de son patron. S'il se refusait au travail, s'il continuait obstinément à se livrer au vice, il pourrait être détenu comme le mineur sur la provocation du patron, et l'arrêté du comité de patronage homologué par le président du tribunal.

Au moyen de cette triple garantie prévenant toute possibilité d'abus, le condamné n'aurait aucunement à se plaindre, car il est assurément très-légitime d'imposer à titre de peine l'état tutélaire de minorité à celui dont la débilité morale surpasse celle de l'enfance, à celui qui est, beaucoup plus que le mineur, inhabile à se conduire et dangereux pour la société. Il n'y aurait aucunement aggravation de peine, car cet état de dépendance et de liberté précaire serait lui-même partie de la peine, serait pour le juge un des éléments d'appréciation dans la fixation de la durée de l'emprisonnement, et serait nommément infligé à titre pénal par l'une des dispositions du jugement. La peine se diviserait ainsi en deux périodes, l'une pendant laquelle le condamné serait privé de plein droit de sa liberté, quelque exemplaire que pût être sa conduite; l'autre durant laquelle il pourrait en être momentanément privé après un sérieux examen, et avec les précautions les plus grandes, si cette conduite était intolérable. Il y aurait donc, tant pour la sécurité de la société que dans l'intérêt même du condamné, une époque d'épreuve et d'une transition raisonnable, entre la servitude de la peine et la restitution intégrale des droits appartenant au citoyen irréprochable. Dans l'ordre moral, tout changement considérable doit, pour tourner à bien, être ménagé avec prudence, et devenir l'objet de préparations ou d'initiations successives et graduées.

Comme moyen d'émulation ou de récompense, les comités pourraient disposer de quelques secours en faveur des condamnés, ou les recommander par des certificats, abréger l'état de curatelle légale jusqu'à concurrence de moitié de sa durée totale, par une sorte d'émancipation en cas d'amendement du condamné, et même provoquer sa réhabilitation sous leur garantie avec des formes et une procédure plus simples. Enfin, il serait bon d'utiliser, d'honorer en quelque sorte ceux des libérés qui, par une régénération complète et absolue, seraient devenus des hommes nouveaux et auraient fait preuve d'un zèle véritable pour le bien, changement qui peut arriver plus souvent encore qu'on ne pense dans des âmes fougueuses et passionnées. Il faudrait tendre la main avec bonté à ces ouvriers de la dernière heure. Ceux-là seraient inscrits sur une liste de patronage, dite d'adoption rémunératoire. Ils seraient agrégés au comité et admis à ses séances et avec voix consultative. On ne s'occuperait plus d'eux que pour leur procurer des appuis, leur donner de bons conseils, et pour tirer parti, dans l'occasion,

de leurs idées et de leurs bonnes dispositions pour le
bien.

De la contrainte par corps pour recouvrement des amendes et frais.

La plus grande partie des condamnés à l'amende est
insolvable. Pour un très-grand nombre, cette peine se
résout en une contrainte par corps qui coûte beaucoup à
l'état et augmente la misère de la famille du condamné,
laquelle se trouve privée du travail et de l'assistance de
son chef, trop heureux s'il ne sort pas corrompu par le
séjour oisif et funeste de la maison d'arrêt. Les contraintes
par corps sont d'ailleurs requises par les receveurs de l'en-
registrement, de forme et sans le discernement si important
en pareille matière. Il arrivera, par exemple, que l'arrestation aura lieu dans les circonstances les moins conve-
nables, comme une maladie du débiteur ou de l'un de ses
proches auquel il est indispensable, ou bien plusieurs années après le délit, lorsqu'il est oublié, que le coupable
s'est entièrement amendé, et qu'une détention momentanée
peut lui faire perdre la position qu'il occupe.

Il serait également avantageux pour les condamnés,
pour le trésor et pour l'ordre public que les débiteurs d'a-
mende s'élevant à moins de 20 francs ou de frais de justice
criminelle, pussent être admis à acquitter ces frais ou amendes
par des journées de travail, soit sur des routes départemen-
tales ou communales, soit au service d'établissements publics
déterminés, le tout selon des règles et des formes tracées
par des ordonnances royales qui pourraient laisser certains
détails à la disposition des préfets ou des conseils géné-
raux.

Il y aurait ainsi bénéfice pour l'état qui recouvrerait
beaucoup plus d'amendes, bénéfice pour les départements

qui auraient à payer moins de journées de prison, et
enfin bénéfice pécuniaire et moral pour le condamné et
sa famille. L'emprisonnement deviendrait une chose plus
grave et de plus de conséquence, n'étant plus prodigué
comme moyen fiscal de recouvrement.

Telles sont sur ces points les pensées que m'ont sug-
gérées de longues réflexions et l'étude du cœur humain
aussi attentive qu'il m'était donné de le faire. J'ai cru
qu'il importait de donner à la justice une âme et des
entrailles, même dans l'exécution du châtiment, qu'il
fallait rechercher avec soin et ranimer toute étincelle de
sentiments généreux dans le cœur des condamnés, les
rendre par chaque jour de captivité les ouvriers de leur
propre sort, et pouvoir les prendre eux-mêmes à témoin
que s'ils souffrent, c'est qu'ils l'ont voulu et parce qu'ils
le veulent encore, ayant entre les mains des moyens
d'influer directement sur la durée de leur peine. J'ai
désiré que chaque fois que le condamné frappe à la
porte du repentir, le pardon apparaisse et lui dise: Me
voici; que dans certains cas, la réconciliation rende le
châtiment superflu, le remplaçant par un effet meilleur
et plus durable. La miséricorde et la bonté ne doivent
jamais être absentes des lois criminelles. Elles tempèrent
et tournent à bien l'effet de la force. Bien plus, elles permettent de déployer sans inconvénients, dans les cas
nécessaires, un degré plus grand d'énergie et de ri-
gueur, parce que cet esprit de mansuétude ôte à la force
tout caractère de dureté, et ne laisse plus voir qu'une
loi de nécessité imposée par celui-là même qui doit la
subir. Une fermeté inébranlable, une douceur et une bonté
manifestes, c'est ainsi que Dieu gouverne les hommes, et
c'est ainsi qu'ils doivent à leur tour gouverner ceux sur
lesquels, soit la fortune, soit l'instruction, soit l'autorité, leur ont départi quelque moyen d'influence.

CHAPITRE VI.

Des devoirs des classes aisées envers les classes pauvres.

Ici je sens que le terrain devient à chaque pas plus périlleux et plus glissant. Si la vérité n'est pas tue, si elle passe le front haut et sans se courber devant aucune idole, alors tout en ayant à cœur de n'offenser personne, on encourt pourtant le blâme commun, et l'on se heurte à toutes les pierres du chemin. Il faut, si l'on veut rester soi et vrai, traverser cet infranchissable défilé dont parle Byron :

> *The consequence of being of no party*
> *Y shall offend all the parties.*

Qu'importe, après tout, et à Dieu ne plaise qu'en un pareil sujet je me cherche moi-même, ou que je rebrousse chemin devant des craintes que j'ai méprisé de concevoir.

Avant d'entrer en matière, on doit cette louange à notre époque que, mieux que celles qui l'ont précédée, elle comprend le pauvre et ses douleurs ; qu'elle s'occupe d'y apporter des soulagements, et que là se porte en grande partie le travail et le courant des esprits. Gardons-nous toutefois de croire qu'il y ait exagération dans ce sentiment, comme on l'entend souvent répéter, même par des personnes raisonnables. Vous voyez bien des gens s'étonner de bonne foi qu'il y ait encore tant de malheureux après tant de sacrifices faits en leur faveur. Ils récapitulent le grand nombre de cotisations par lesquelles on fait appel à leur générosité, ils signalent l'importunité de ces impôts prétendus volontaires, et tout en approuvant le bien qui se fait, ils pensent qu'il y a au fond de tout cela beaucoup d'engouement, comme une sorte d'affaire de mode et de prétention, et que le temps rabattra beaucoup de toutes ces exagérations.

Ces idées sont une erreur. Sans aborder ici la triste et facile démonstration de l'insuffisance des secours comparativement aux besoins, on peut dire que loin de décroître ce mouvement ne fera que grandir, et que tout esprit sage et généreux doit s'empresser de s'y associer. Car, comme l'a dit l'illustre Portalis l'ancien : *Le bien naît du bien;* Plus on aura conquis l'intelligence du pauvre et de ses misères, plus on aura étudié ses besoins et les vices qui en sont la suite, et plus la charité grandira, plus ce vaste embrasement s'augmentera.

Ce mouvement est trop dans la nature et la vocation de l'homme, il a trop sa raison d'être pour cesser d'exister. C'est la sève qui circule, c'est le sang qui cesse de se figer et qui se porte aux extrémités. C'est, en un mot, la volonté de Dieu qui se fait, c'est sa loi qui marche à son accomplissement et c'est nous qui sommes poussés par lui dans cette voie.

Car enfin, suivant le principe posé par le duc de Larochefoucault-Liancourt devant une de nos assemblées politiques, et adopté par elle : *Tout homme a droit à sa subsistance.* J'oserai même aller plus loin et dire : Tout homme a droit à une existence morale et combien n'en ont pas ? Combien de vos créatures, ô mon Dieu, nées au milieu du vice et de la pauvreté, fléchissent toute leur vie sous le poids d'un double misère, et n'ont pour ainsi dire qu'une trainée d'opprobres qui sépare leur tombe de leur berceau !

Pour pourvoir à tant de besoins matériels et moraux, les classes riches n'ont pas le seul devoir d'aider les classes pauvres de leur superflu, c'est là on peut presque dire la moindre de leurs obligations. Ce n'est pas assez de faire l'aumône, a dit J.-J. Rousseau, faites la charité. Tous les soins, toute la protection dont on entoure l'enfance sont dus aux classes pauvres. On ne peut pas toujours donner, mais toujours on peut et on doit aider la faiblesse et l'ignorance de ses soins, de ses conseils, de ses exemples et de ses sympathies.

Les dons de la fortune ou de l'esprit ne sont pas, pour celui qui les possède, un bénéfice qu'il ait le droit de disperser au vent de ses désirs et de ses passions. Toutes ces forces sociales départies pour le peuple et à cause de lui, doivent être employées à son profit.

Et c'est là, s'il est permis de le dire, le défaut et la plaie de notre époque. Certes jamais n'ont moins manqué ni les lumières, ni l'activité et les intentions généreuses. Mais les générations qui suivront demanderont compte à la nôtre de l'emploi de ces facultés, et de toutes ces folles discordes qui les neutralisent. Dans chaque parti vous voyez des hommes qui brillent par leur énergie ou leurs talents, user leur vie en efforts incessants pour nourrir une polémique stérile, sans que le peuple recueille rien de tout ce fracas, si même de chaque côté nous ne lui soufflons pas nos passions, et si nous ne cherchons pas à l'enivrer de nos propres colères. Il y a plus que jamais lieu de répéter ces paroles remarquables de Bossuet : *Malheur à la connaissance stérile qui ne se tourne pas à aimer.* On blâme avec raison le moyen-âge, son intolérance religieuse, et sa scholastique aussi intraitable qu'inutile. Je ne sais si ceux qui nous succéderont loueront davantage notre intolérance et notre scholastique politique, ces dissertations sans fin sur la définition et la nature des pouvoirs, ou l'éternel amusement des déclamations du forum et des joutes oratoires de parleurs éloquents.

Et pour la plus grande gloire de toutes ces belles choses, chacun endosse la livrée d'un parti lui engageant son indépendance, ses actions et quasi sa faculté de penser. Dans ce champ stérile, labouré par la discorde, naissent et croissent à l'aise, les exagérations, les aigreurs, les folles visions, et toutes ces pauvretés des partis qui rétrécissent les esprits les plus généreux, faussent les jugements les plus sages et détournent les plus nobles facultés de l'utile emploi qui leur était assigné. Par suite de cet interminable va et vient, de ce flux et ce reflux d'intrigues qui font remonter la lie à la surface avec toutes ces fausses consciences, cette morale large et aisée que se font les partis avides de succès à tout prix, absolvant les moyens par le but, les idées de probité se déplacent, la conscience publique s'égare et le corps social se dissout.

Et c'est là pourtant (cause profonde de découragement pour ceux qui considèrent et qui méditent), c'est là tout ce que le peuple gagne à ces laborieux enfantements, c'est là qu'aboutissent toutes les conquêtes de l'esprit humain, toutes les splendeurs de la civilisation. Il se forme des ténèbres de plus en plus épaisses, une nuit morale s'établit, et les esprits fatigués tombent dans le sommeil du scepticisme, ou les rêves étranges de systèmes fantastiques, trop heureuxsi un réveil funeste et soudain ne viendra pas déceler la chute dans l'abîme ouvert et profond.

Aussi bien, toutes ces disputes s'évanouiront un jour, et tout ce fracas s'éteindra dans le silence. Ils ne plaisent pas également à tous, ces débats si considérables et si vains, beaucoup, n'en doutez pas, sont, sans le témoigner, fatigués de cette atmosphère lourde et épaisse, imprégnée de passions mauvaises, et aspirent à rencontrer un air plus pur, un ciel plus serein. Que ceux-là donc oublient l'enrôlement et l'étroite discipline des partis, leurs rancunes et leurs courroux obligés, qu'ils emploient ce besoin d'activité qui caractérise notre époque, non à poser en acteurs sur la scène politique, mais à rapprocher les esprits, à soulager les misères, à s'instruire des détails sans nombre et pleins d'intérêt que soulève cette véritable science, et

surtout à en mettre en pratique les préceptes et les résultats. Le patriotisme n'y perdra pas, car il ne consiste
ni dans une orthodoxie exclusive et ombrageuse, ni dans
le fractionnement de la grande et commune famille en
hordes ennemies. Loin de toute cette préoccupation des
formules politiques, creusez plutôt les fondements de l'é-
difice, asseyez-lui une base large et solide, donnez au
peuple une existence laborieuse mais douce et paisible,
ingéniez-vous à l'éloigner de la débauche et des excès, en-
seignez-lui, par les paroles, par l'exemple, par toutes les
ressources de votre imagination, la religion, la paix,
la droiture et la moralité, et après cela dormez en repos,
votre politique sera toute trouvée; vous aurez résolu
l'insoluble problème et conquis à la fois l'ordre et la
liberté. C'est là le meilleur moyen de relier les classes
riches et les classes pauvres, de fortifier la raison commune, de dissiper les préjugés, et de faire apparaître
claires et brillantes des vérités méconnues, parce que
chaque parti ne les juge que d'après ses illusions d'op-
tique et le mirage trompeur de ses passions.

Tous ne peuvent pas affronter la même politique, conquérir la célébrité et se faire inscrire au nombre des
Gracques ou des Coriolans. Mais il n'en est aucun, quelque humble que soit son lot, qui ne puisse sans peine se
faire une mesure plus pleine, un rôle plus noble, plus
utile et plus indépendant. Certes un homme d'état habile
ou heureux, un chef de parti disert ou énergique ont
une grande part dans l'admiration publique, mais celui-là
est peut-être non moins bon citoyen qui verse le baume
d'une parole douce et conciliante sur les blessures des
discordes politiques, qui ressent vibrer dans son propre
cœur toutes les cordes douloureuses qui s'ébranlent autour
de lui, et approche une main qui ne soit pas trop brus-
que et rude pour soutenir le pauvre chancelant. D'autres

sans doute seront plus renommés et plus puissants; mais lui, s'il est resté simple dans sa droiture, fidèle dans son dévouement, si celui qui a franchi tremblant le seuil de sa porte il le renvoie plus aisé et le cœur plus léger, s'il a pu sur son chemin sécher quelques larmes, et sur des joues flétries faire renaître un sourire depuis long-temps oublié, il n'aura rien à envier à personne, et il devra préférer une vie obscure à tout le clinquant des tréteaux.

Toutes ces vérités sont simples et communes, mais on ne saurait les proclamer trop haut ni trop souvent. Elles n'ont qu'à gagner à se répéter sous toutes les formes et à solliciter tous les esprits. Leur intérêt est d'ailleurs immense, et je regarde que c'est un des points de vue les plus décisifs de la question du paupérisme. Toutes ces forces énormes que les partis absorbent pour se tenir mutuellement en échec, sont autant de pertes pour la civilisation, autant de vols faits à l'humanité.

Oh! puisse! puisse un jour, la patrie en deuil, et si longtemps attardée dans ses misères et ses douleurs, obtenir enfin de ses enfants grâce et pitié de tous ces déchirements et ces débats. Que la trêve de Dieu puisse se glisser dans ces querelles, et le pauvre en recueillera amplement le fruit, et on lui rendra ainsi une faible partie des loisirs et des avantages qu'il nous fait par ses sueurs.

Pour moi, bien souvent, obsédé par ces pensées qui sont en moi une foi profonde et comme une sorte de religion, j'ai ardemment désiré, et en aucun jour je ne cesserai de désirer que des mains plus fortes et plus sûres combattant cette guerre civile des intelligences, et qu'un bras puissant frappant ce dur et immobile rocher, en arrache la source vive et pure qui rafraîchira les cœurs desséchés par le souffle de la passion.

CHAPITRE VII.

Du travail et de la nécessité d'en procurer les moyens.

Si quelque chose a pu rendre vains les efforts si persé-
vérants et si considérables de la bienfaisance, et augmenter
le malaise social, c'est évidemment cette préoccupation
générale et constante qui fait de l'aumône le principal et
l'unique remède de la pauvreté, qui arrive ainsi à étendre
et consolider les besoins au lieu de les diminuer, et à rendre
la maladie chronique et incurable en ne lui opposant que
de stériles palliatifs. Si toute la somme d'efforts et de
sacrifices qu'on a accumulés pour multiplier les secours
avait été employée à procurer du travail, évidemment les
résultats eussent été plus importants. L'aumône, remède
souvent utile et indispensable, est plus souvent peut-être
encore un véritable mal, tant parce que ceux qui la méritent le moins sont précisément les plus audacieux et les
plus habiles pour s'en assurer le profit exclusif, que parce
qu'elle engourdit au lieu de stimuler, et qu'elle ravale à
ses propres yeux celui qui la reçoit, au lieu de le relever
dans sa dépression. Le travail est pour tout homme un
droit et un devoir; c'est l'instrument de sa subsistance.
Le travail moralise; il détourne de toutes les pensées
mauvaises qui hantent les esprits oisifs; il porte souvent
en lui-même son contentement et comme sa récompense.
Il importe particulièrement à l'état d'y provoquer tous les
citoyens, de le leur faciliter et de le mettre à leur portée,
car c'est l'habitude du travail qui peut le mieux détourner
du vol, de la mendicité, de l'ivrognerie et de l'abus des
secours publics.

Maintenant, par quelle révélation soudaine amènerons-
nous la solution tant rêvée du problème de l'organisation

du travail? Ajouterons-nous une utopie et une vision de plus à toutes celles dont se sont bercés ceux qui aiment à errer dans les domaines infinis de l'imagination, loin du terrain difficile et ingrat de la réalité? Certes non, et nous laisserons à des inventeurs plus habiles le soin de donner des lois au monde idéal que leur esprit aura créé. Défiez-vous des âges d'or rêvés et promis, et de toutes ces conceptions admirables auxquelles rien ne manque sauf la possibilité d'exister et de vivre. L'homme est condamné à marcher pas à pas; il lui faut dérouler et compter un à un tous les anneaux de la chaîne par laquelle l'expérience le conduit au progrès. Chaque pas qu'il fait lui révèle un horizon nouveau qui est autre que celui que l'imagination la plus sagace aurait désiré ou préconçu. On ne peut lui annoncer ce qu'il trouvera, mais on peut lui dire par avance avec certitude: Marchez et vous trouverez.

Ce qu'il faudrait, c'est qu'au milieu de toutes ces sociétés de bienfaisance si louables et si nombreuses, qui étudient chacune l'une des variétés de la misère pour y porter remède, on crée avant tout et pardessus tout des associations charitables ayant pour but de procurer du travail. Quel homme aura à rougir de demander du travail et d'en recevoir, et que de bien on fera en recherchant avec activité, avec une charité ingénieuse, infatigable, tous les moyens d'en procurer! Toute force sans emploi, si faible qu'elle soit, est une perte à la fois pour le particulier et pour l'état. Donner du travail, c'est donner de l'argent et beaucoup mieux que de l'argent.

Mais l'utilité de ces associations bien comprises ne se bornerait pas aux bienfaits individuels nombreux et considérables qu'elles pourraient procurer. Certes des sociétés semblables, à chaque instant occupées à répondre à des demandes de travail, à s'ingénier et à s'enquérir de res-

sources et d'expédients pour y satisfaire, ne pourraient fonc-
tionner longtemps sans découvrir de ces moyens et de ces
facilités que révèlent l'expérience, la pratique et la centralisation d'un grand nombre de faits uniformes et semblables.
Des essais utiles et heureux pourraient être tentés sans
s'égarer dans de vagues illusions, puisqu'on serait toujours
en face et aux prises avec la réalité. Non-seulement on
saurait dans chaque ville quelles sont les demandes et les
offres, mais ces associations en correspondant entre elles
pourraient indiquer au travailleur des localités où son industrie aurait plus de chance de succès, et où il arriverait
avec une recommandation assurée.

Ce sujet est grave, son étude est importante si ce n'est
même forcée. Ne nous endormons pas trop dans la sécurité
du repos, le mouvement se fera d'une manière ou de l'autre,
soit au profit de la société, soit à ses dépens. La digue
s'use, les eaux montent, et vous pouvez d'ici entendre leur
voix sourde et orageuse. Si nous dédaignons les charges
d'une tutelle bienveillante et affectueuse, l'émancipation se
fera brutalement et malheureusement pour tous. Les grèves
de l'ouvrier, ses ligues formidables, lui révéleront toute
sa force et l'abuseront sur l'étendue de ses droits. Pour
n'avoir pas pris la peine de guider sa faiblesse, nous
aurons à combattre sa force, force d'autant plus formidable
et plus ennemie que les passions politiques lui tendront la
main, et c'est ainsi qu'une ruine commune pourra devenir
le châtiment mérité du quiétisme des uns, de la violence
des autres, et de l'esprit de discorde malheureusement répandu sur tous.

Ce que les associations peuvent faire pour le travail, les
particuliers le peuvent aussi dans une mesure sans doute
moindre et différente, mais toujours considérable si on
attache à ce sujet toute l'importance qu'il a réellement. On
croit avoir beaucoup fait quand on se débarrasse d'un

pauvre en abandonnant quelque pièce de monnaie à son importunité, tandis que souvent on eût fait mieux encore en gardant son argent et en n'épargnant pas ses soucis et ses démarches pour procurer du travail. J'ai toujours été touché de la conduite d'un magistrat, occupant des fonctions éminentes dans le ministère public, qui employait de préférence des repris de justice dans son exploitation rurale. Car, disait-il sagement, personne ne voulant leur donner d'ouvrage, ils seront forcés de recommencer à voler, tandis que la nature de mes fonctions me garantit que la crainte de la justice leur en imposera plus et les contiendra davantage que s'ils étaient au service d'un autre. Entre toutes les bonnes œuvres, procurer du travail est la plus utile, celle que l'on doit le plus prôner et recommander. Elle n'exclut pas l'aumône, elle la rend au contraire plus méritoire et plus exempte de dangers. Car, par exemple, si au lieu de donner une somme à titre d'assistance, on donne ou fait donner à un ouvrier moins valide un prix de journée un peu plus élevé que le salaire insuffisant pour sa subsistance auquel on eût pu le réduire, on aura ainsi un mérite plus grand parce que le bienfait pourra rester ignoré. En outre on aura fait plus de bien, car on aura donné non pour consommer, mais pour travailler et produire ; on aura encouragé au travail, mais non à la fainéantise et à la mendicité.

CHAPITRE VIII.

Des institutions de prévoyance.

La mendicité est interdite par nos lois, mais la profession de mendiant n'a fait que subir une transformation qui la rend plus facile et plus funeste. Excepté que le mendiant prend le titre d'indigent, que l'aumône va le chercher à domicile, au lieu de lui laisser le désagrément de l'attendre sur les places publiques, peu de chose a changé, et le nombre des indigents augmente en proportion des sacrifices qu'on fait pour entretenir l'indigence en lui assurant des priviléges, des immunités et des revenus. De là la condition malheureuse de l'ouvrier actif et laborieux, fier de devoir sa vie au travail de ses mains et non à la charité publique, et subissant toutes les charges sociales, condition qui contraste avec celle de l'indigent volontaire qui dépense journellement tous ses gains, et spécule sur l'excès de son dénuement comme sur un titre pour mettre son entretien à la charge de la société.

Cette voie, dans laquelle on entre de plus en plus, doit motiver des craintes sérieuses. Le nombre des indigents grossit de jour en jour, leur imprévoyance s'augmente et en même temps leurs exigences. Les secours prennent le caractère de contributions forcées que la prudence commande de solder, et qu'accueille peu de reconnaissance. Beaucoup même trouvent commode de considérer les aumônes comme un atermoiement de dette, se complaisant dans des doctrines de communisme, dont la partie la plus claire et la plus digérée se résout en instinct de pillage et de spoliation. Rome et Athènes ont péri par le paupérisme aux gages de l'état, et le même destin nous menace dans un avenir rapproché.

Doublez les secours directs, et le nombre des indigents sera tout simplement doublé ; c'est une eau qui traverse le sable sans s'y arrêter et y porter aucune fécondité. Paul-Louis Courier se consolait facilement de ne plus voir debout le monastère qui distribuait tous les jours trois mille soupes, en songeant qu'avec lui avaient disparu les trois mille écuelles et aussi les trois mille pauvres qui en étaient porteurs. Ce qu'il faut, ce n'est pas entretenir l'indigence, mais au contraire diminuer le plus possible le nombre des

indigents, les relever de leur abaissement, pour les rame-
ner à la dignité de l'homme et du citoyen. Or ce but sera
principalement atteint par les institutions de prévoyance.

Dans quelque proportion qu'on puisse augmenter les
salaires et les aumônes, on n'avance pas de beaucoup si
tout est quotidiennement dépensé et tourne au bénéfice des
cabarets ; les malades et les vieillards n'en tomberont pas
moins à la charge de la charité publique, et la misère
produite par les accidents sera d'autant plus pénible qu'elle
aura succédé au désordre et à la prodigalité. On doit donc
tendre d'une manière particulière à constituer à l'ouvrier
un capital, à conserver et immobiliser entre ses mains une
part de ses gains, à grossir et encourager ses économies
en y reversant une grande partie des secours publics. Cent
mille francs ainsi donnés en prime au travail, à l'économie et à la moralité, feront plus de bien qu'un million
employé en aumônes. Tout ce qui dispense du travail est
dangereux ; tout ce qui l'encourage ou y provoque est utile
autant que moral. James Cowe, dans son ouvrage sur
l'état des pauvres, affirme qu'en Angleterre les *friendly
societies* ont évité le sacrifice de plusieurs millions de
livres sterling, qui, sans elles, eussent été distribués en
secours publics.

Les institutions de prévoyance peuvent se diviser en
trois classes : sociétés de secours mutuels ; caisses de prévoyance ou de pensions ; institutions diverses ayant pour
but d'assurer la conservation des capitaux.

CHAPITRE IX.

Des Sociétés de Secours mutuels.

Les sociétés de secours mutuels font, à peu de frais, un
bien considérable. Dans celle de Metz, avec une cotisation

de dix francs par an, chaque membre est assuré d'avoir
pendant ses maladies les soins du médecin, les médica-
ments de toute nature et une indemnité journalière pour
suppléer à l'absence des gains ; et encore sur cette somme
de dix francs, il est fait une économie au profit de la
caisse des retraites.

Ces résultats non-seulement sont satisfaisants pour les
sociétaires, mais encore intéressent considérablement la
fortune publique, et sous ce rapport méritent l'attention
de l'administrateur. En effet, la santé est le capital principal, souvent l'unique patrimoine de l'ouvrier. Celui qui
voit ses épargnes dévorées tout-à-coup par une maladie,
s'arrière indéfiniment et tombe, lui et sa famille, dans un
état de malaise et de découragement qui va toujours en
augmentant. Que si par économie il appelle trop tard le
médecin, ou reprend trop tôt son travail, le résultat est·
encore pire, car il s'expose à une aggravation de maladie
ou à de dangereuses rechutes. A la suite de ces accidents,
il finira par tomber lui et les siens à la charge de la charité
publique, qui, pour lui donner une assistance médiocre et
insuffisante, dépensera peut-être dix fois plus qu'il n'en
eût fallu dans une société de secours mutuels pour le tirer
complétement d'affaire sans rien devoir à personne.

Aussi les hôpitaux auraient un intérêt non-seulement
moral et remplissant le but de leur institution, mais encore
pécuniaire, à faire quelques sacrifices d'argent pour aider
à la fondation de ces sociétés dans les villes, et à l'établissement de médecins cantonnaux dans les campagnes.
Une indisposition qui, prise au début, disparaîtrait facilement et presque sans dépense, si elle s'aggrave soit par
défaut de soins, soit par les remèdes empiriques qu'un voisin
conseillera imprudemment, peut dégénérer en maladie et
ruiner une constitution robuste. Il est incontestable que
si tous ceux qui peuvent s'imposer une contribution de

dix francs par an s'agrégeaient à une société de secours, les dépenses des hôpitaux seraient considérablement réduites et même celles des bureaux de bienfaisance. « Partout, » disait en 1840 le ministre de l'intérieur, dans une circulaire aux préfets, « partout où les associations de secours mutuels » ont été établies, on a déjà pu en apprécier les excellents » effets, sous le double rapport de l'ordre public et de la » diminution du nombre des pauvres admis dans les hô- » pitaux. »

Le délaissement absolu auquel les malades sont exposés est un inconvénient généralement apprécié dans les sociétés de secours, et un de leurs avantages moraux est de tâcher d'y pourvoir. Les visites à ceux que la souffrance retient chez eux sont prescrites comme un devoir aux sociétaires. Je remarque avec plaisir qu'à Lodève, le malade doit même être veillé la nuit par ses confrères chaque fois que cette mesure peut être opportune. Lorsqu'une société de secours renferme des associés libres, il serait bon d'établir que ceux d'entre eux qui s'offriraient pour remplir dans leur quartier cet office désirable et utile, se rendraient eux-mêmes près des malades pour les visiter. Celui qui se sent arrêté par la souffrance est souvent préoccupé d'affaires et de détails au sujet desquels une démarche facile ou même de simples conseils peuvent souvent calmer les inquiétudes. Le titre d'associé ne devient d'ailleurs réel et sérieux qu'autant que des témoignages d'utile affection en forment le lien.

Les sociétés de secours mutuels sont faciles à établir. Leurs réglements sont simples et loin d'exiger pour leur perfection la même science que ceux d'une caisse de retraites. Les statuts de la société de prévoyance de Metz, peuvent, en tout ce qui concerne l'administration générale et les secours aux malades, être donnés avec sécurité comme un modèle consacré par la meilleure épreuve, celle de l'expérience.

7

Je trouve seulement que le paiement mensuel des cotisations expose à des chances trop fréquentes de retards
qui se résolvent en amendes usuraires et souvent en arriérés
qui ne se libèrent que par un secours de la société ou par
la radiation du sociétaire. On diminuerait ces graves inconvénients et on donnerait de plus grandes facilités en
encourageant les délégations et les paiements par anticipation.

Les délégations seraient le paiement des cotisations fait
directement par le maître ou le chef d'atelier pour le compte
de l'ouvrier sociétaire, sauf à se couvrir par une retenue
sur le montant des salaires. Les paiements par anticipation
seraient inscrits sur un livret jouissant du même intérêt qu'à
la caisse d'épargne, et formeraient ainsi au profit du sociétaire une avance sur laquelle les cotisations seraient
prélevées à leur échéance. La situation de l'ouvrier est
très-variable et inégale ; souvent surviennent pour lui des
jours mauvais qui le mettent dans une véritable détresse
et lors desquels il lui est très-avantageux d'avoir pris les
devants dans un temps de prospérité. Une société de secours mutuels devrait être pour ainsi dire la caisse d'é-
pargne de tous ses membres. On sent même combien il
serait commode pour le sociétaire qui pourrait, à une époque
quelconque de sa carrière, disposer d'un capital d'environ
200 francs, de se trouver débarrassé du souci mensuel in-
cessant de la cotisation, tout en conservant ce capital dont
la jouissance seule serait temporairement aliénée. Ajoutons
que, soit les parents, soit les personnes qui veulent rémunérer
ou gratifier un sociétaire, pourraient, en versant à son livret,
s'assurer ainsi que l'argent, loin d'être dissipé, sera au
contraire employé de la manière la plus profitable.

Les sociétés de secours sont une création précieuse non-
seulement par leurs résultats directs mais encore par la
facilité d'y adjoindre d'autres œuvres utiles qui auraient de

la difficulté à exister isolément et qui subsistent aisément avec l'appui d'une société semblable, en même temps qu'elles en deviennent un accessoire utile et profitable. C'est ainsi que la société de prévoyance de Metz a créé des prix pour les enfants des sociétaires qui fréquentent les écoles publiques ou privées, et des livrets de la caisse d'épargne pour ceux de ces enfants qui sont placés en apprentissage, lorsqu'ils ont su les mériter par leur bonne conduite.

Beaucoup d'autres créations utiles pourraient être adjointes à ces sociétés, par exemple des bibliothèques populaires à l'usage des membres, comme en Angleterre dans un grand nombre de *mechanics institutions*. Il serait même possible, comme on l'a fait aussi dans d'autres contrées, d'y annexer des mutualités contre des accidents ou sinistres autres que les maladies ; enfin de créer parmi les associés libres un comité pour procurer de l'ouvrage aux sociétaires qui en seraient momentanément dénués ou des secours pour y suppléer.

Enfin, comme nous l'avons dit plus haut, les sociétés de tempérance qui ont eu de si prodigieux succès en Amérique et en Angleterre auront beaucoup de difficulté à s'acclimater chez nous. Elles n'ont peut-être de chances de s'y implanter qu'en se glissant à l'ombre des sociétés de secours mutuels et comme un de leurs accessoires, ayant pour résultat immédiat d'abaisser le chiffre de la cotisation à payer par chaque membre ; car, ainsi que nous l'avons établi, les cabarets sont parmi les classes ouvrières la plus grande cause de ruine de la santé et les grands pourvoyeurs des hôpitaux. Des secours spéciaux accordés par l'état ou par les villes, en réduction de la cotisation aux sociétés de secours dont les membres s'interdiraient la fréquentation des cabarets et l'usage de l'alcool, favoriseraient dans le principe l'établissement de ces sortes d'engagements qu'il serait inappréciable pour les classes ouvrières de voir se propager.

Dans beaucoup de fabriques une amende ou retenue de salaires a été établie contre les ouvriers qui chôment le lundi, ou arrivent au travail en état d'ivresse. Mais les ouvriers voient de mauvais œil une contribution qui tourne au profit du maître et par suite sont peu frappés des avantages moraux de cette contrainte salutaire. Que si au contraire on commence par fonder une société de secours mutuels comme il en existe dans diverses fabriques, si ensuite on établit que les amendes tourneront au profit de cette société et en déduction des cotisations, la masse des ouvriers touchée d'un intérêt matériel et prochain verra sans mécontentement une contribution en quelque sorte volontaire qui lui profitera, et la mesure deviendra beaucoup plus efficace.

On ne saurait trop appeler l'attention des chefs d'usines et d'ateliers sur tous ces objets. C'est dans les fabriques surtout qu'on peut facilement établir des institutions variées de prévoyance et de moralité et y apporter des innovations utiles ou de sages perfectionnements. L'identité des situations, l'administration et la comptabilité rendues plus simples et plus faciles par une organisation préexistante, l'influence que peuvent donner au maître l'autorité, l'intérêt et l'affection, permettent de faire beaucoup de choses qu'on ose à peine tenter lorsqu'il faut réunir des éléments épars et concilier des volontés lentes ou rebelles, sur lesquelles on n'a aucun moyen d'action.

Il est à déplorer qu'il y ait en France encore si peu de sociétés de secours, tandis que depuis longtemps il en existe des milliers en Angleterre et dans les Pays-Bas ; c'est ainsi que ces contrées ont pu diminuer en partie les maux qui menacent sans cesse des pays manufacturiers et dans lesquels la production est follement exagérée. Il est facile de fonder ces institutions même dans de petites villes, si l'on veut seulement se borner à une société de secours sans y ad-

joindre une caisse des pensions. De cette manière les com-
binaisons des statuts n'ont plus besoin d'être savantes et
compliquées, la cotisation annuelle n'est plus que de six à
dix francs au lieu du double ou du triple; le placement des
fonds ne laisse aucune inquiétude puisque ces sociétés ont
droit de verser dans les caisses d'épargne jusqu'à concurrence de six mille francs, et que l'encaisse sera toujours
de beaucoup inférieure. D'ailleurs ceux des membres qui
voudraient participer au bénéfice de la caisse des pensions,
pourraient facilement obtenir d'être agrégés à la société de
prévoyance du chef-lieu comme cotisants pour la pension
seulement, l'assimilation aux sociétaires non-résidents qui
jouissent de cette faculté se trouvant à peu près complète.

Ces sociétés ne comprennent généralement que des hommes, mais il est grandement à désirer que comme à Paris
elles s'étendent aussi aux femmes. Dans les villes où l'on
ne voudrait pas confondre les deux sexes, le conseil d'administration de la société de secours des hommes pourrait aussi
administrer celle des femmes tout en laissant les deux caisses
et les deux comptabilités entièrement séparées.

Dans les campagnes, de semblables associations seraient
plus difficiles et plus lentes à établir. On peut y suppléer
au moins en partie par la création de médecins cantonnaux. Ce n'est pas ici le lieu d'entrer dans aucun détail
au sujet de cette institution. On se bornera à remarquer
que lorsqu'on veut importer dans une localité cette ex-
cellente création, il peut être prudent de se borner d'abord
au canton du département qui offre le plus de chances de
succès par le dévouement et la capacité des médecins qui
y résident, la bonne volonté des communes, le zèle et la
bienfaisance des particuliers. Le succès bien établi dans un
lieu, on peut passer à celui qui offre ensuite le plus de
chances de réussite. Mais commencer partout à la fois,
sans ressources suffisantes en personnel et en argent, c'est

s'exposer à discréditer et à faire avorter une innovation qui, avec plus de prudence, eût été facilement consolidée.

CHAPITRE X.

Des Caisses de pensions.

L'institution des caisses de retraites pour les employés de l'état, produit des résultats éminemment utiles. Mais la société a un intérêt analogue à la création de caisses de pensions pour les ouvriers, car chaque pension décharge la charité publique de la nourriture d'un indigent, indépendamment de ce qu'elle assure une vieillesse tranquille à celui qui autrement, après avoir usé sa vie dans le travail, aurait été réduit à voir arriver la mort comme un bienfait. La société de prévoyance de Metz, à l'instar de laquelle plusieurs autres se sont déjà formées, paie ainsi dix-neuf pensions de deux cents francs chacune à d'anciens sociétaires, auxquels elle continue les soins gratuits pendant leurs maladies, et les secours extraordinaires en cas de besoins particuliers, sans compter les demi-pensions qui sont payées aux veuves, ainsi qu'aux membres que des infirmités ont rendus impropres au travail avant l'âge fixé pour la pension. Les pensions sont assurées par une modique cotisation de dix-sept francs par année imposée aux sociétaires.

Les associations me semblent toutefois dans l'erreur en donnant à la pension un taux uniforme et invariable, quel que soit l'âge des pensionnaires. L'état liquide avec raison la retraite entière du jour où le fonctionnaire cesse son service, parce que dès ce moment il perd l'intégralité du traitement dont il avait joui. Il n'en est pas de même pour l'ouvrier admis à l'âge de soixante ans à une retraite de deux cents francs ; sa condition devient évidemment, pour quelque temps du moins, meilleure que l'année précédente, puisqu'il continue à peu de chose près le même travail, et que son budget annuel se trouve augmenté d'une somme de deux cents francs, au rebours du fonctionnaire pour lequel la retraite se résout, dès le premier jour, en une diminution de moitié dans les recettes. Il serait donc préférable et plus rationnel de donner une pension moindre à l'âge où le travail peut continuer encore, quoique moins lucratif, et plus forte à l'âge où la cessation du travail s'ajoutant aux infirmités accroît les besoins de toutes manières. Dans ce système, au lieu de donner dès l'âge de soixante ans une pension de deux cents francs, la pension serait de cent francs seulement pour la période de soixante ans à soixante-cinq, de deux cents francs pour celle de soixante-cinq à soixante-dix ans, et de trois cents francs pour les septuagénaires.

La constitution de caisses de retraite au moyen de retenues ou cotisations ne saurait être trop recommandée aux compagnies financières assises sur des bases larges et solides et ayant un personnel considérable, telles que les compagnies de chemins de fer, mines et houillières.

On ne peut toutefois se dissimuler que ces institutions n'acquerront tous les développements et toute la sécurité désirables que lorsque l'état lui-même en prendra en main la gestion. En centralisant ce service, l'état serait dispensé de ces encaisses et placements de capitaux accumulés qui sont une source d'embarras et de craintes pour l'administration des sociétés de prévoyance. Il pourrait d'ailleurs étendre le bienfait de l'institution, soit en faisant directement des retenues forcées sur le salaire des ouvriers, soit mieux encore en soumettant chaque maître, chaque fabricant ou chef d'atelier à un impôt fixe annuel pour chaque ouvrier ou domestique qui serait à son service.

Sans doute cette création offrirait de grandes difficultés,

mais elles ne devraient pas trop effrayer, car l'expérience
est là pour rassurer quelque peu. Lorsqu'en 1673 et en
1709 la vaste conception de la caisse des invalides de la
marine a reçu son organisation, et qu'on a assuré des pensions et des secours aux employés de la marine militaire et
marchande âgés de plus de cinquante ans, à leurs veuves
et à leurs enfants, il a fallu une hardiesse bien autrement
grande, si l'on tient compte de l'état d'enfance dans lequel
se trouvait alors la science économique, de l'ignorance
absolue des lois de la mortalité, enfin de l'absence des
moyens de centralisation, d'appréciation et de contrôle qui
abondent aujourd'hui.

Mais en attendant des institutions aussi larges qui com-
portent, je le reconnais, un état transitoire pour éclairer
et préparer le terrain, le gouvernement pourrait sans risques et presque sans efforts donner une assistance considérable aux sociétés qui ont rendu le service de marcher
à leurs risques et périls dans une voie aussi neuve. Par
exemple, en autorisant la caisse des dépôts et consignations
à recevoir jusqu'à concurrence d'une somme de dix millions
les fonds qui seraient versés par les caisses de pensions,
on rendrait un très-grand service aux sociétés qui se pré-
senteraient les premières pour réclamer ce bénéfice. Il serait
d'ailleurs facile d'établir que ces sociétés ont beaucoup plus
de droit à cette assistance que les caisses d'épargne, et
qu'en même temps elles imposeraient un fardeau beaucoup
moindre au trésor public. D'abord, l'ouvrier qui dépose
temporairement une somme dans une caisse d'épargne pour
la reprendre au premier caprice qu'il concevra, se lie beaucoup moins, et fait une chose beaucoup moins utile à la
société que celui qui en versant la même somme en abdique
pour toujours la disposition et la propriété, affectant le
produit à pourvoir à sa subsistance dans sa vieillesse, et
diminuant par là la masse des charges auxquelles les se—

cours publics auront à pourvoir. D'un autre côté, l'état doit voir avec une sorte de souci plusieurs centaines de millions versés dans les caisses d'épargnes, remboursables presqu'à vue, dette flottante à la merci de la moindre panique, tandis que les capitaux engagés pour constituer des pensions le sont pour un temps très-long, et que les paiements doivent avoir lieu à des échéances et dans un ordre faciles à apprécier par avance dans l'état actuel des sciences économiques.

CHAPITRE XI.

Des institutions ayant pour but d'assurer la conservation des capitaux.

C'est peu de chose que d'augmenter les gains des ouvriers si cette augmentation ne laisse ni traces ni résultat, si elle tourne comme trop souvent au profit d'une consommation abusive et ne fait que donner du développement à l'industrie des cabaretiers. Ce qu'il importe, c'est de constituer à la classe ouvrière un capital durable, permanent, qui augmente le nombre des petits propriétaires, et prépare des ressources pour toutes les éventualités d'un avenir éloigné.

Comme nous venons de le dire, les caisses d'épargne avec leurs réglements actuels ne remplissent pas complétement ce but. A la moindre velléité ou tentation, l'ouvrier peut retirer son pécule et dissiper en un jour le produit péniblement accumulé de plusieurs années de travail. Si une fièvre de spéculations hasardeuses s'empare des esprits, il a sous la main de quoi y succomber, et il est admis à venir jeter son obole dans le gouffre de l'agiotage; si une grève imprudente ou séditieuse le porte à suspendre ses travaux, la caisse d'épargne lui offre les moyens de payer les frais de cette guerre désastreuse pour tous. En un mot, en mobilisant à l'excès la fortune d'une classe qui est surtout accessible à l'imprévoyance, en rendant un livret de caisse d'épargne presqu'aussi disponible qu'un billet de banque, on crée au trésor un passif à vue inquiétant, et aux travailleurs des facilités de se ruiner plus grandes qu'il n'est nécessaire. Si l'amortissement des capitaux est préjudiciable à l'état, leur disponibilité indéfinie l'est peut-être encore plus surtout pour les classes de propriétaires les moins éclairées.

Par une innovation bien facile, bien exempte de danger, les caisses d'épargnes pourraient établir un taux d'intérêt variable en raison de la durée du dépôt, par exemple donner quatre pour cent dans l'état actuel, et quand le retrait peut avoir lieu à toute époque; quatre et demi quand le placement est fait pour une année au moins, et cinq pour cent quand il est fait pour trois ans; on ne ferait ainsi que ce que fait le trésor lui-même, qui paie un intérêt moindre pour la dette flottante et les bons du trésor que pour la dette consolidée, ce que font aussi les banquiers qui allouent toujours un intérêt moindre aux bons de caisse à présentation ou à dix jours de vue qu'à ceux qui ne sont pas exigibles avant l'expiration de l'année. Il est bien entendu que le terme ne constituant de droit qu'à l'emprunteur, rien n'empêcherait la caisse d'épargne de restituer même avant l'expiration du terme, lorsqu'on aurait vérifié que le prêteur a un besoin avouable, urgent et particulier de la somme prêtée, sauf dans ce cas à ne bonifier que l'intérêt alloué pour les placements remboursables à volonté.

Ces placements à long terme pourraient offrir aussi de grands avantages pour les tutelles. Les tribunaux ont introduit comme clause de style dans les ventes de biens de mineurs que les acquéreurs conserveront le prix jusqu'à la majorité des mineurs. Cette clause qui est regardée comme onéreuse détourne généralement les acheteurs, ou les porte à offrir un prix moindre. Ensuite quand la majorité survient au bout d'un long espace de temps, il arrive que le recouvrement ne peut avoir lieu qu'à la suite d'un ordre ou d'une expropriation, ou que l'acquéreur étant décédé, il faut s'entendre avec des héritiers nombreux et éloignés pour le paiement de leur quote-part d'une somme originairement minime, et qu'un ou deux décès ont fractionnée d'une manière encore plus fâcheuse. Il serait bien plus simple que le tribunal pût ordonner le dépôt à la caisse d'épargne en un livret au nom des mineurs, remboursable à leur majorité seulement.

Les institutions de dots aux épouses mariées sous le régime dotal devraient également pouvoir se faire au moyen de livrets de la caisse de prévoyance.

Ce qui importe à l'état ce n'est pas les majorats, les immeubles dotaux, les substitutions, ce n'est pas que la richesse se conserve et se continue dans les mêmes familles, mais c'est que le plus grand nombre de familles possible reste constamment à une distance suffisante de l'indigence, c'est de diminuer les charges sociales en facilitant le plus possible à chaque individu une réserve permanente, qui laisse un intervalle entre la misère et lui, c'est d'augmenter le nombre de ceux qui possèdent quelque chose, parce que ceux-là se préoccupent de conquérir davantage, pendant que celui qui n'a rien ne prend souci de rien, et vit au jour le jour dans une situation qui lui paraît sans issue. Il sait que son extrême pauvreté lui assure des droits aux secours, et cela lui suffit, tandis que les secours devraient plutôt être une récompense des efforts faits pour sortir de l'indigence.

CHAPITRE XII.

Conclusion.

Profitons de l'heureuse neutralité d'un sujet qui fait un égal appel dans tous les partis aux sentiments nobles et généreux, pour revenir en terminant à un point de vue que nous avons déjà traité, et pour conjurer tous les hommes d'activité, de science et de talent de tourner leurs regards et l'emploi de leurs forces vers un but qui satisfera plus leur cœur et leur esprit que ceux dont ils peuvent chercher la réalisation dans les mêlées politiques.

Nous ne prenons mission que de nous pour nous adresser ainsi à tous, parce que nous n'avons dit que des choses simples, qui reposent au fond du cœur de tous. Dans des sujets si graves et si importants, l'homme n'est rien ; il doit s'oublier, lui et son obscurité, et on doit l'oublier. La chose est tout, et elle doit être prise pour sa valeur, quand même ce n'est que la voix d'un passant ignoré qui en frappe l'oreille, tout comme quand l'inspiration du génie en grave les mots en lettres de feu.

La charité, la bienfaisance offrent un lien sûr où les hommes de tous les partis peuvent venir se reposer de leurs fatigues, de leurs mécomptes, et de la dure servitude des coteries ; là ils peuvent, rencontrant leurs adversaires sur un terrain plus ami, les considérer avec plus de bienveillance, et par cela même avec plus de justice, car il est souvent bien léger le poids qui précipite l'homme dans ses haines les plus fougueuses. La fusion des partis, malheureusement si difficile à espérer, peut venir de là, mais assurément elle ne saurait venir que de là, de la collaboration pacifique à des travaux qui donneront sans peine un emploi utile à toutes les facultés, à tous les caractères et à tous

les esprits, Là, peuvent se développer à l'aise l'énergie,
l'enthousiasme et l'activité ; là, l'esprit positif, utilitaire,
lent et sensé dans ses jugements, rend des services qui ne
peuvent être remplacés ; là, toute voix est utile et se
compte, toute force s'emploie ; là, il y a place large pour
tous, car on y a besoin de tous, riche ou pauvre, ignorant
ou lettré. La charité est le lien de l'humanité, le souffle
de la vie sociale, le soleil à la chaleur et à la lumière
duquel nul ne doit pouvoir se dérober.